PARALLÈLE

ENTRE

L'IDIOTIE ET LE CRÉTINISME.

PARIS. — RIGNOUX, IMPRIMEUR DE LA FACULTÉ DE MÉDECINE,
rue Monsieur-le-Prince , 31.

PARALLÈLE

ENTRE

L'IDIOTIE ET LE CRÉTINISME,

PAR

LE Dʳ MANUEL LEVEN,

ancien Interne des Hôpitaux et Hospices civils de Paris ,
Lauréat de la Société médico-psychologique (Médaille d'Or),
Membre de la Société médicale d'Observation,
Membre de la Société Anatomique.

PARIS.

ADRIEN DELAHAYE, LIBRAIRE,

place de l'École-de-Médecine, 23.

1861

Notre but est de rechercher dans les principales observations d'idiots et de crétins que nous ont offertes une année d'internat à la Salpêtrière et un voyage dans les Alpes, les caractères différentiels de ces deux classes d'individus.

Pinel n'avait pas encore séparé l'idiotie de l'aliénation mentale ; avant l'illustre auteur de la Nosographie, les aliénés n'étaient pas considérés comme des êtres malades, et le traitement qu'on leur faisait subir était aussi immoral qu'irrationnel. Nos pères ont encore vu les cachots où les aliénés étaient enfermés, isolés dans les asiles et enchaînés comme des criminels. L'idiotie comme l'aliénation mentale n'existaient donc pas en tant que science avant Pinel.

La réintégration de ces branches de la médecine moderne dans le cadre de la pathologie peut être justement considérée comme l'œuvre féconde de cette école philosophique qui a été la promotrice d'une science encore inconnue, les rapports du physique et du moral, dont Cabanis a été le premier et le plus glorieux représentant. Le célèbre traité *des Rapports du physique et du moral* innove une psychologie positive, fondée sur l'anatomie et la physiologie, base d'une science toute moderne, l'anthropologie, qui résume les remarquables travaux dont l'homme a été l'objet, au point de vue psycho-physiologique, depuis un demi-siècle.

L'idiotie et le crétinisme constituent un des chapitres les plus intéressants de l'anthropologie, et non pas l'un des plus clairs. Nous osons espérer que ce mémoire ne sera pas inutile à l'élucidation de cette question : des analogies et des différences entre l'idiotie congénitale et le crétinisme.

PARALLÈLE

L'IDIOTIE ET LE CRÉTINISME.

De l'idiotie.

Le terme *idiot* vient du mot grec ἴδιος (*privatus*), homme qui reste isolé par l'état de ses facultés intellectuelles.

Ce terme a un grand nombre de synonymes : stupidité, folie, microcéphalie, démence innée, crétinisme.

Les auteurs dénomment maintenant le plus généralement idiotie, cet état particulier dans lequel, suivant Esquirol, les facultés intellectuelles ne se sont jamais assez développées pour élever l'individu au niveau ordinaire.

Pinel définissait l'idiotie une abolition plus ou moins complète soit des affections de l'entendement, soit des affections du cœur. Esquirol, Georget, MM. Ferrus, Parchappe, Calmeil, Foville, les auteurs du *Compendium de médecine*, ont définitivement distingué l'aliénation mentale de l'idiotie.

Suivant M. Calmeil (*Dictionnaire de médecine* en 30 vol.), l'idiotisme est l'absence des facultés mentales et affectives, une presque nullité des fonctions cérébrales, provenant d'un vice congénital ou pseudo-congénital du principal instrument de la pensée. M. Foville définit l'idiotie, l'oblitération, la destruction plus ou moins complète de l'intelligence.

Le *Compendium de médecine* définit l'idiotie, le défaut de développement plus ou moins complet, mais essentiellement congénital des facultés intellectuelles, morales, affectives, et des instincts, accompagné ou non de certaines difformités.

La première question qui se présente à nous est celle-ci : y a-t-il un vice de conformation crânienne propre à l'idiotie ? Cette question avait déjà occupé Hippocrate, qui avait indiqué la microcéphalie comme le caractère de la conformation crânienne de l'idiot ; mais il est utile, avant d'en poursuivre la solution, de rappeler la structure normale du crâne :

Il est formé de trois vertèbres, l'occipitale, la vertébrale et la spléno-pariétale. La première loge le cervelet ; la deuxième, les lobes olfactifs ; la troisième, le cerveau et les tubercules quadrijumeaux. Dans l'état fœtal, le cerveau est tout entier dans la vertèbre sphéno-pariétale, et il se développe consécutivement du côté de la vertèbre frontale et occipitale. C'est dans la frontale qu'il est susceptible d'acquérir un développement maximum ; c'est là aussi qu'il est le plus rapide. Il y a un véritable antagonisme entre ces trois vertèbres, et l'accroissement se fait tantôt dans le sens de la frontale, aux dépens de l'occipitale, tantôt dans le sens de l'occipitale, aux dépens de la frontale. Ce n'est qu'après avoir acquis son accroissement maximum dans la vertèbre pariétale, que le cerveau progresse vers la frontale et l'occipitale ; les meilleures conditions de développement intellectuel sont celles où les dimensions crâniennes sont bien proportionnées, comme dans la race caucasique.

M. le Dr Gratiolet a posé la formule suivante d'un cerveau normal : Le cerveau normal est celui qui, en dehors de son volume, acquiert, soit en avant, soit en arrière, du côté du frontal surtout, l'espace relatif maximum, alors que la vertèbre pariétale a le summum de ses dimensions normales, relativement au volume individuel de la tête.

D'ordinaire le crâne chez l'individu imbécile est régulièrement proportionné. On ne trouve des altérations de formes que chez l'idiot. Les auteurs anciens pensaient que l'idiot était toujours microcéphale; il n'en est rien : la microcéphalie est très-rare. Cette erreur avait été partagée par Willis, Sauvages.

Gall avait posé des limites extrêmes dans les dimensions crâniennes compatibles avec l'intelligence : avec un crâne dont la péririphérie est de 14 à 17 pouces, l'axe fronto-occipital de 11 à 12 pouces, l'individu est nécessairement idiot. Cette assertion de Gall est inexacte. Le crâne de l'idiot n'a ni une forme ni un volume caractéristique : proposition établie par Esquirol, MM. Parchappe, Leuret et Lélut, sur les évaluations rigoureuses des courbes du crâne, il peut avoir des dimensions plus grandes, et aussi des dimensions beaucoup plus petites que dans l'état normal.

Les phénomènes les plus constants (Esquirol) sont la grande étendue du diamètre fronto-occipital, le surbaissement du sommet crânien, l'aplatissement des pariétaux vers la suture temporale, celui de l'occipitale, l'inégalité des deux portions du crâne droite et gauche.

M. Lélut, dans plusieurs mémoires très-remarquables sur la forme et le volume du crâne, sur son développement, considéré dans ses rapports avec l'intelligence, a également recherché s'il y avait un vice de conformation crânienne, spécial à l'idiotie.

Les observations de notre savant maître ont porté sur des individus entre 20 et 50 ans, auquel âge le crâne a son accroissement maximum, et il est arrivé à ces conclusions curieuses, qu'absolument le crâne chez l'idiot était de $2/1000$ plus petit que dans l'état normal, mais que, tenant compte de la taille, variant chez l'idiot entre 1,607 et 1,648, la taille moyenne étant de 1,648 millimètres, son volume surpassait le volume normal de $15/1000$. M. Lélut ajoute que le crâne de l'idiot est souvent plus allongé, plus aplati vers les tempes, que sa portion frontale est aussi large et aussi relevée que dans l'état normal. La supériorité de volume du crâne provient du développement de la moitié antérieure, plus grande de $3/1000$; il en a déduit le développement moindre de la moitié postérieure, et l'expérience apprend, en effet, que chez les idiots l'occipital est aplati et n'a qu'une faible courbure.

Le tableau suivant permettra de comparer les dimensions crâniennes d'hommes d'une intelligence moyenne et d'idiots.

	Homme d'intelligence moyenne.	Idiot.
Diamètre antéro-postérieure......	186	185
Diamètre transverso-frontal......	106	107
Diamètre temporal..............	134	150
Diamètre intermastoïdien........	115	115

Il n'est pas possible de tirer aucune déduction de ces chiffres.

Dans quelques cas exceptionnels (microcéphalie), les chiffres diffèrent notablement.

Camper a trouvé l'angle facial d'idiots dépassant 90 degrés.

Daubenton et Cuvier avaient posé en principe que le rapport de deux termes, dont l'un serait le crâne et l'autre la face, pourrait servir à évaluer l'entendement, l'un des termes seul, comme le crâne, laissant l'expression indéterminée; ce rapport, qui tient compte à la fois du crâne et de la face, semblerait mieux indiquer le type individuel. Chez le microcéphale, ce rapport donne un quotient qui marque leur infériorité. Ce principe est juste s'il est appliqué à la tête de Bâcon et de Cuvier; mais il est en défaut s'il s'agit de celle de Buffon ou de Mirabeau, dont le crâne était étroit, le front fuyant, et dont les mâchoires étaient saillantes : les peintres et les statuaires de toutes les époques l'ont à tort adopté.

L'idiot ne mérite donc ni le nom de mégalocéphale ni de microcéphale : les dimensions du crâne s'écartent très-peu de la moyenne normale; son angle facial ne présente aucune anomalie, et l'expression des rapports du crâne et de la face n'a rien de spécial, et l'on peut dire que le calcul appliqué à la mesure de la tête ne donne aucun résultat satisfaisant. Du reste, les mesures extérieures du crâne ne mesurent qu'imparfaitement la vraie capacité; car les os sont d'une épaisseur très-variable. Le diploé, les lobes externe et interne, les sinus, sont tantôt étroits, tantôt larges. Les travaux sur les dimensions extérieures ont donc besoin d'être complétés par l'étude de la capacité intérieure, étude qui donnera à ce côté de la question son véritable intérêt. La suture précoce des os du crâne a déjà été constatée par Hippocrate comme un symptôme funeste. M. le Dr Gratiolet a observé la précocité des sutures dans les races sauvages comme chez les idiots. La persistance des sutures annonce une tendance au développement cérébral. Sur le crâne de Pascal, la suture frontale avait persisté toute sa vie durant. M. le Dr Gratiolet cite, dans le 2e volume de Leuret, sur le système nerveux, dont la science lui est redevable, plusieurs faits qui prouvent l'influence des sutures précoces sur la genèse de l'idiotie.

La deuxième question que nous avons à étudier est celle-ci :

Le cerveau de l'idiot offre-t-il quelques particularités de volume, de poids ?

MM. Parchappe et Lélut ont observé que le plus souvent le poids du cerveau d'hommes intelligents et d'idiots ne présentait aucune différence ; exceptionnellement ils en ont trouvé, et quelques chiffres, cités par M. Lélut, permettent de les apprécier.

		Idiot.
Pesanteur moyenne de l'encéphale normal (individus de 20 à 40 ans)	1320 gr.	1218 gr.
Pesanteur moyenne du cerveau	1170 gr.	1043 gr.
Pesanteur du cervelet	176 gr.	160 gr.

Le poids de l'encéphale était plus léger chez l'idiot de...	1/13
Le poids du cerveau était de	1/11
Le poids du cervelet était de	1/17

Dans les cas d'imbécillité, on n'a signalé aucune altération cérébrale ; quand il en existe, c'est chez l'idiot le plus dégénéré qu'on les trouve. Leurs circonvolutions cérébrales sont minces, peu saillantes ; la substance grise, l'un des lobes ou un hémisphère tout entier, les corps striés, les couches optiques, le corps calleux, atrophiés ; les altérations s'étendent à des parties très-variables du cerveau. De là une anatomie pathologique qui varie suivant les autopsies qu'on a été à même de faire. Morgagni a noté la densité du cerveau. Meckel, Malacarne, ont trouvé la substance cérébrale plus sèche, plus friable. Esquirol a signalé le peu de profondeur des circonvolutions, la faible capacité et le resserrement des ventricules latéraux. M. Ferrus a indiqué l'asymétrie des hémisphères, la dilatation des ventricules. M. le professeur Rostan a rapporté la petitesse remarquable de l'encéphale, la destruction d'un lobule entier : dans la microcéphalie principalement, des lobes entiers sont atrophiés.

M. Gratiolet cite des cas de microcéphalie dans lesquels il y avait une atrophie complète du lobe antérieur excavé par la saillie des voûtes orbitaires. Dans l'atlas de son livre sur le système nerveux, il a dessiné l'encéphale d'une fille de 21 ans, microcéphale : le cerveau était d'un volume bien inférieur à celui d'un fœtus à terme ; le cervelet avait proportionnellement un volume plus considérable, inférieur toutefois à celui d'un individu du même âge. D'autres fois le cerveau avait son développement normal, et le cervelet était resté à l'état rudimentaire. Les arrêts dans l'évolution correspondent généralement aux diverses époques de la formation intra-utérine.

Les considérations que nous avons présentées plus haut sur les rapports de l'intelligence avec la capacité extérieure du crâne, le volume, le poids du cerveau, nous font comprendre tout ce qu'il y a d'erroné dans cette doctrine matérialiste qui, imaginant des saillies correspondantes à chacune des facultés de l'âme, avait la prétention de déterminer sur les caractères crânioscopiques la nature psychologique de chaque individu. Science purement fictive, la phrénologie n'est qu'un tissu d'assertions arbitraires ; mais elle a du moins mis en relief ce fait anatomique, que le crâne n'était qu'une enveloppe protectrice de l'encéphale, que ses dimensions peuvent osciller dans certaines limites sans influer sur l'état de l'intelligence, et que dans un très-grand nombre de cas, et dans l'état actuel de la science, les organes dans lesquels elle réside ne peuvent servir à nous révéler sa puissance.

Esquirol a divisé les idiots en deux classes : 1° Imbéciles, 2° idiots.

L'homme imbécile a le crâne bien fait, les cheveux épais, une physionomie insignifiante, l'œil mobile, le regard sans expression, le rire stupide et facile ; la taille petite, au-dessous de la moyenne normale ; il est bien musclé, d'une puissante constitution ; bien souvent son aspect extérieur ne saurait le faire distinguer ; son infériorité apparaît toujours dans sa conversation, son langage est imparfait ; sa parole est lourde et embarrassée ; les mots qu'il prononce sont confus ; il leur manque quelques lettres, quelques syllabes, qu'il est incapable d'exprimer ; cette incapacité sera pour le médecin une révélation immédiate de l'état mental de l'individu.

L'enfant imbécile ne progresse que très-lentement, il marche avec peine à l'âge où les enfants sont déjà très-agiles. Sans activité, sans amour-propre, rien ne l'excite, ni les récompenses ni les châtiments ; un rien le fait rire ou pleurer, il est violent et entêté, il s'emporte contre les objets inanimés ; indifférent à tout ce qui l'entoure, rien n'éveille son attention ; il apprend très-péniblement à parler. Le médecin sera souvent consulté sur l'avenir de ces enfants, dont les progrès si lents inquiètent vivement les mères. La plus grande réserve sera portée dans le pronostic. Gall cite le cas d'un des plus célèbres médecins de Berlin qui avait passé pour imbécile jusqu'à l'âge de 13 ans ; beaucoup de cas de ce genre peuvent être cités.

Les organes des sens ne fonctionnent qu'imparfaitement, leurs impressions sont moins nettes.

La sensibilité génésique elle-même est plus obscure. On a beaucoup exagéré la lasciveté de cette classe d'individus : l'époque de leur puberté n'est point retardée, les conditions physiologiques des organes génésiques ne présentent rien d'anormal, et cependant leurs désirs sexuels sont peu ardents. Isolés, ils ne songent pas au mariage ; poussés par des excitations extérieures, ils sortent de leur état apathique pour se livrer au coït sans pudeur, sans modération; mais le plus souvent, ils satisfont sur eux-mêmes leur sensibilité génésique. Leuret a établi une statistique de 72 individus, parmi lesquels 28 n'avaient aucun instinct prononcé pour le mariage, et 11 seulement le recherchaient ardemment.

L'éducation a peu de prise sur leur caractère comme sur leur intelligence; leur imperfectibilité se déclare de plus en plus, à mesure qu'ils avancent en âge. Riches, ils sont incapables de gérer leur fortune, d'occuper une fonction publique; s'ils sont pauvres, ils peuvent à peine vaquer aux travaux les plus grossiers. La taille de l'idiot est aussi au-dessous de la moyenne; il a une conformation du crâne régulière; il n'est réduit qu'exceptionnellement à d'infimes proportions (microcéphalie). La physionomie manque de toute expression; la sensibilité est très-obtuse; il se mord, se frappe la tête, se brûle et avale sans se plaindre des liquides bouillants; sa motilité est aussi pervertie que sa sensibilité; les muscles fonctionnent irrégulièrement, convulsivement; il a une démarche très-lourde; il ne peut retenir les objets qu'il a en mains; il est affecté de tics douloureux, de strabisme, de balancements de la tête, du tronc, de contractures des mains, des pieds, d'hémiplégie, d'atrophies musculaires, ou bien encore, incapable de marcher, il se traîne à terre.

Chez l'idiot comme chez l'imbécile, les relations avec le monde extérieur sont bien réduites; les organes des sens n'ont plus qu'un rôle secondaire; les idiots voient, mais ne regardent pas; entendent, mais n'écoutent point (Esquirol); chez tous deux, selon la poétique expression de Sydenham, c'est l'homme intérieur qui est amoindri, et amoindrit les instruments sous sa dépendance.

Ceux de la première classe apprennent à lire, à écrire, à connaître les chiffres, les monnaies; incapables d'aucun travail d'abstraction, les impressions qu'ils ont reçues, ils les rendent telles quelles, sans élaboration, sans transformation, ils peuvent apprendre les chants, et les reproduire en mesure. J'ai vu un jeune homme imbécile, de 18 ans, qu'on avait enfermé quelques années dans un atelier de statuaire, devenu capable de rendre sur la pierre très-fidèlement une figure qu'il copiait. Il n'a jamais pu rien imaginer, rien créer; il ne pouvait que copier.

Le cerveau le mieux doué n'est en quelque sorte qu'un miroir qui répercute les rayons tels qu'il les a reçus du dehors. Que d'impressions, que d'images, traversant les sens, glissent sur le cerveau sans s'y fixer! il ne peut réfléchir sur ses perceptions : attention, mémoire, volonté, toutes les facultés de l'entendement sont amoindries; il n'a qu'une conscience obscure de lui-même; sans liberté morale, sa conduite échappe nécessairement à toute discipline, et c'est pour avoir méconnu leur véritable état psychologique qu'on voit journellement des magistrats les condamner, en cour d'assises, pour vol ou assassinat. Esquirol en cite qui ont incendié, sans aucun motif, des maisons, des forêts; dans les asiles où ils sont renfermés, ils commettent quotidiennement des vols, et les voleurs oublient le lieu où ils ont caché les objets volés.

Si l'on étudie l'intelligence dans cette double série, on constate une dégradation continue; l'imbécile occupe le haut de l'échelle; la dégradation est sans limites, et on ne trouve plus finalement même l'instinct. Beaucoup d'idiots se laisseraient mourir de faim, si on ne leur ingérait des aliments.

On pourrait peut-être tenter une classification fondée sur leur langage. L'imperfection du langage est le signe caractéristique de la pauvreté intellectuelle, lequel guidera souvent le médecin. Ainsi que nous l'avons déjà dit, la parole de l'imbécile est toujours embarrassée, il ne pourra prononcer que quelques parties de tel ou tel mot. Tant qu'il est jeune, son vocabulaire ne s'accroît qu'à la longue, appliquant longtemps le même mot à des objets différents. L'idiot n'apprend jamais que quelques mots, quelques phrases, qu'il répète toujours, ou bien il est incapable même d'articuler une syllabe, et alors il crie, il hurle comme un animal.

ÉTIOLOGIE.

Les causes de l'idiotie sont nombreuses, mais la plupart sont hypothétiques.

L'influence de l'hérédité est incontestable. L'idiot engendre des idiots, et l'idiotie va en croissant chez les descendants.

L'idiotie se rencontre principalement dans les familles où il y a déjà eu des aliénés, des épileptiques, des paralytiques.

L'idiotie est plus fréquente dans les campagnes que dans les villes ; elle est fréquente dans les localités où la funeste habitude de comprimer la tête des nouveau-nés existe encore.

M. Ferrus dit qu'il faut distinguer les causes agissant durant l'acte générateur, durant la grossesse et durant l'accouchement. L'ivresse, durant l'acte générateur, a été signalée comme une cause d'idiotie ; durant la grossesse, la syphilis, les coups sur l'abdomen de la femme, les maladies graves, ont été également signalés parmi les causes, et, durant l'accouchement, on a signalé l'accouchement laborieux, une application de forceps mal faite.

L'accouchement prématuré, au septième mois, une progéniture trop nombreuse, sont des causes certaines d'idiotie.

Du crétinisme.

Les auteurs qui ont parlé du crétinisme avant Fodéré sont Félix Plater et Josias Simber, au XVI⁸ siècle ; Forest, médecin hollandais, en 1660 ; Vogner, en 1680, dans son livre d'histoire naturelle ; Haller, en 1771 ; de Saussure et quelques autres encore. Mais, le premier, Fodéré a écrit, en 1792, un traité classique sur le goître et le crétinisme. Dans son traité, Fodéré dit que le mot *crétinisme* dérive de crétin, nom qu'on donne, dans certaines contrées, à des individus qui sont tout à fait stupides, et qu'on appelle encore *idiots, cagots*. Le mot *crétin* vient lui-même de chrétien, bon chrétien, titre qu'on donne à ces idiots, parce qu'ils sont incapables de commettre aucun péché. « J'ai adopté, ajoute-t-il, ce terme, de préférence à un autre, à cause que les individus auxquels il appartient sont plus qu'idiots, et méritent une désignation particulière. »

Le crétinisme est une maladie qui a existé à toute époque dans les diverses régions du globe ; mais les crétins n'ont pas toujours été considérés comme malades, mais comme des êtres bienheureux, ainsi que le dit Fodéré. Inspirés par une sorte de vénération pour ces pauvres créatures, les habitants au milieu desquels ils vivaient conservaient comme des reliques leurs vêtements, leurs béquilles, et les objets qui leur avaient appartenu. Leur état de maladie passait inaperçu au milieu des populations ignorantes et superstitieuses, et le silence de l'histoire, à leur sujet, ne s'explique que par les préjugés de leurs contemporains.

Les auteurs sont loin d'être d'accord sur la définition du crétinisme.

Selon Fodéré, le crétinisme complet doit être défini privation totale et originelle de la faculté de penser.

Lacépède appelle les crétins des êtres dégénérés.

Pinel et Esquirol considèrent le crétinisme comme l'idiotie endémique, géographiquement limitée dans certaines localités. La commission sarde, dans son rapport publié à Turin, définit le crétinisme une dégénération de l'espèce humaine, caractérisée par un degré plus ou moins avancé d'idiotisme, associée à un habitus vicié du corps, et qui doit sa production à des causes tellement étendues, qu'une grande partie des individus indigènes s'en ressentent dans la beauté de leurs formes et dans le développement de l'intelligence et du corps.

M. Niepce, dans son livre, a accepté cette définition.

Dans la discussion à l'Académie de Médecine, en 1851, M. Ferrus a caractérisé le crétinisme une hydrocéphalie chronique, se fondant sur ce que dans la plupart des autopsies, il avait rencontré un épanchement séreux cérébral.

M. le Dr Baillarger a considéré le crétinisme comme le développement incomplet, irrégulier, et souvent très-lent de l'organisme. Que
l'on parcoure les vallées habitées par les crétins, on y trouvera un
type uniforme, le crâne volumineux, les paupières grosses et saillantes, les yeux enfoncés et écartés, le nez épaté, la face bouffie
et d'une teinte cireuse, la peau jaunâtre, une taille bien au-dessous de la moyenne.

Un nombre assez considérable offrent les formes corporelles en-
fantines à l'âge de la virilité, et n'arrivent à la deuxième dentition
qu'à 18 ou 20 ans; ils ont peu ou point de barbe; les filles ne sont
menstruées qu'à 18 ou 20 ans; dans l'un et l'autre sexe, à l'époque
de la virilité, ils ont les goûts, les passions, le langage de petits enfants; jamais le désir vénérien ne se développe en eux; d'une intelligence excessivement bornée, ils sont incapables d'apprendre à
parler; ils prononcent quelques mots, quelques phrases, et leur car-
rière se termine à 25 ou 30 ans. Ce type a été parfaitement observé
par M. le Dr Baillarger.

Un autre type, dont j'ai trouvé beaucoup d'exemples, inférieur au
précédent, renferme ceux qui n'atteignent même pas les proportions de formes corporelles du groupe précédent. Ils n'ont aucun
signe de puberté et ne subissent aucune de ces transformations or-
ganiques qui marquent la transition des âges; êtres avortés, en
quelque sorte leur développement est interrompu dès le début; ils
n'articulent pas une syllabe; leur langage consiste en cris convul-
sifs, en hurlements; ils ne sentent pas, ne se meuvent point. Ce
groupe a de grandes analogies avec les idiots les plus dégradés.

Le crétin a le crâne volumineux, les cheveux blonds, sans épaisseur, garnis de croûtes eczémateuses qui hâtent leur chute; son
front est bombé, sans rides. La face est jaune, bouffie; le nez épaté;
l'œil terne, enfoncé dans l'orbite, recouvert de paupières grosses,
très-écarté de son congénère; la conjonctive oculaire est pâle, l'iris
grisâtre ou brun; les sourcils sont minces, les pommettes saillantes;
les joues ridées, même chez les enfants. La bouche grande; les lèvres,

grosses, tiennent chez quelques-uns la bouche entr'ouverte, qui laisse continuellement la salive s'écouler. La barbe est peu épaisse ou bien elle manque tout à fait. Les dents sont écartées, inégales. La dentition est retardée souvent, ainsi que nous l'avons déjà noté. Il a le cou large, court, et chargé d'un goître de volume très-variable ; le thorax aplati, la colonne vertébrale souvent déviée ; les seins de la femme sont petits, pendants, et d'une excessive mollesse ; il a le ventre gros ; sur l'abdomen, comme sur le thorax, le système pileux est très-pauvre ou fait entièrement défaut. Les membres sont régulièrement conformés, les muscles minces et faiblement marqués. La taille est petite ; elle ne dépasse pas 1 mètre 50, d'après le rapport de la commission sarde ; 1 mètre 35, selon M. Niepce. Les mesures que nous avons prises nous ont montré qu'elle variait entre 1 mètre et 1 mètre 40. D'une chétive constitution, ils sont souvent affectés d'eczéma, de paralysies de tout genre, d'hydropisies, d'épilepsie, d'aliénation mentale, de strabisme, de cécité, de surdité, etc. etc. M. Niepce a trouvé le conduit auditif rétréci, les osselets et le nerf auditif complétement détruits.

M. le Dr Savoyen a signalé, parmi les crétins les plus dégradés, un abaissement de température de 1 à 2° (35 à 36°), une diminution dans le nombre des battements du pouls, de 4 à 5 environ, et 15 inspirations par minute ; ils avaient, du reste, les extrémités toujours froides et demi-cyanosées.

Le tempérament du crétin est le même pour tous : enfant, il a déjà la face ridée et d'une carnation cachectique qui est spéciale aux individus habitant les localités où le crétinisme est endémique ; il est fréquemment malade, sans vigueur, sans forces musculaires ; il fuit le travail plutôt qu'il ne le recherche, il est voué à la misère par la nature, il ne songe pas à quitter le hameau humide de sa vallée et à traverser les montagnes qui l'enserrent de toutes parts ; quand il a eu la bonne fortune de l'abandonner quelques années et qu'il a exercé ses muscles par le travail dans quelque contrée voisine, il revient dans sa patrie plus vigoureux et se fait distinguer par sa supériorité physique ; sa vie est courte ; fréquemment les enfants succombent par suite de convulsions, de diarrhées ; en moyenne, il ne dépasse pas 30 ou 40 ans.

Le crâne est remarquable par son énorme volume, ses saillies, ses dépressions, la persistance des sutures. Le rapport sarde mentionne que l'on a rencontré des os wormiens parmi les sutures occipitales. C'est M. le Dr Cerise qui, le premier, a signalé la dépression sus-orbitaire, qui manque rarement. La forme du crâne est très-variable (rapport sarde).

Ses dimensions pourront être appréciées par le tableau suivant :

Taille.	Age.	Gde circonf. de la tête.	Courbe longitudinale.	Courbe transversale.	Diamètre antéro-post.	Diamètre bipariétal.
1,45	21 ans.	0,57	0,31	0,32	0,18	0,15
1,50	32 ans.	0,56	0,33	0,30	0,17	0,13
1,08	40 ans.	0,59	0,30	0,31	0,17	0,16
1	21 ans.	0,50	0,26	0,24	0,16	0,12
1,34	22 ans.	0,57	0,29	0,30	0,16	0,16
1,23	68 ans.	0,58	0,32	0,29	0,18	0,15

Le goître a été le sujet d'un grand nombre de recherches.

Les travaux modernes ont mis hors de doute que certaines eaux engendraient le goître.

Il est héréditaire et s'accroît promptement à l'époque de la puberté.

Un tiers seulement des crétins est goîtreux. Beaucoup de goîtreux ne deviennent jamais crétins, et beaucoup de crétins n'ont jamais de goître. Le goître n'a aucune influence, quoi qu'en ait dit Fodéré, sur la genèse du crétinisme ; il n'en est qu'une des manifestations, comme l'induration ganglionnaire est une des manifestations du vice scrofuleux.

ANATOMIE PATHOLOGIQUE.

Nous empruntons au livre de M. le Dr Niepce le résumé de ce que les auteurs ont écrit sur l'anatomie pathologique et les détails d'une autopsie qu'il a eu l'occasion de faire.

Malacarne a trouvé les trous valsalviens situés aux angles des temporaux plus larges, les sinus latéraux plus larges, l'enveloppe du cervelet très-épaisse, et cet organe très-petit ; il a constaté que les lamelles cérébelleuses, qui sont dans l'état normal de 5 à 600, ne sont qu'au nombre de 300 chez le crétin. Il a constaté également que la cavité crânienne était plus petite.

Autenrieth, qui a fait de nombreuses autopsies, assure avoir trouvé la substance cérébrale très-dense, et avoir vu dans une dissection, au bord antérieur de l'occipital, une tumeur ronde assez volumineuse et un défaut complet de symétrie dans les diverses parties du cerveau.

Seiler, qui a parfaitement étudié le crétinisme dans le Valais, a trouvé dans le cerveau une abondante sérosité soit entre les membranes, soit dans les divers ventricules ; la substance cérébrale très-épaisse, les circonvolutions et les anfractuosités du cerveau à peine distinctes ; le cervelet lui a paru plus mou que le cerveau, et plus petit qu'à l'état normal.

Ackermann a aussi trouvé le cerveau très-petit, le trou occipital vertical, le nombre des circonvolutions très-petit, leur convexité presque effacée.

Toutes les autopsies faites par Serres, Wunderlich, Hacquet, Fodéré, Iphofen, offrent les plus grandes ressemblances ; ils ont constaté de la symétrie dans l'encéphale et une structure vicieuse des os du crâne, l'encéphale tantôt induré, tantôt ramolli.

Le Dr Stahl a, dans un grand nombre d'ouvertures cadavériques, constaté ce qui suit : les os du crâne manquaient de diploé, leur structure était vicieuse, la cavité crânienne rétrécie par des hyperostoses, les fontanelles demeuraient ouvertes, et les os wormiens étaient fréquents, les apophyses osseuses du crâne peu développées, l'os basilaire et le sphénoïde restaient séparés, la partie

moyenne du crâne d'un diamètre développé aux dépens de l'antérieure et de la postérieure, l'occipital altéré dans sa courbure; la
dure-mère épaissie, adhérente au crâne et au cerveau; les hémisphères, mal organisés, raccourcis, et formés de circonvolutions peu
ou très-profondes; la substance cérébrale indurée ou ramollie, les
ventricules énormément dilatés aux dépens de la masse, la sérosité
entourant la masse cérébrale remplissant les ventricules.

Autopsie de Gouron, âgé de 21 ans, affecté de la cachexie créti-
neuse au plus haut degré. Il n'a jamais été pubère; il n'a jamais pu
marcher; sourd-muet, incapable d'articuler une syllabe; aucune
lueur d'intelligence; il n'avait aucune faculté sensitive, ni de l'odo-
rat, ni de la langue, ni de l'ouïe, ni du toucher. Taille, 0^m,963 millimètres. Dents au nombre de dix-sept; oreilles plates; conduit auditif externe court et droit, rempli de cérumen; larynx volumineux,
saillant, déjeté par un goître; organes génitaux mal développés;
gland petit, mal conformé; verge du volume de celle de l'enfant de
8 ans; testicules petits, pendants; le pénis n'est recouvert par aucun poil; n'a eu ni érection ni éjaculation. Muqueuse des intestins
ramollie (le malade a succombé à la diarrhée). Ganglions mésenté-
riques engorgés; reins et vessie à l'état sain; cavité hypogastrique
infiltrée; rate petite, peu consistante; pancréas volumineux; foie gros,
pâle, se déchirant facilement; muqueuse de l'estomac ramollie; tissu
cellulo-sous-jacent infiltré; plèvres infiltrées de sérosité; poumons
sains; pas de traces de tubercules; cœur petit et mince; péricarde con-
tenant de la sérosité; le tissu cellulaire de tous les membres est forte-
ment infiltré. Les os du crâne petits; les tables interne et externe
minces; la portion spongieuse épaisse; les deux parties de l'occipital
mal réunies, les os basilaire et sphénoïde non soudés; les rochers
sont courts, il existe deux os wormiens dans la suture pariétale; les
apophyses osseuses du crâne sont peu développées; la moitié du
frontal, le côté gauche, est plus saillante que l'autre; l'occipital gauche
est plus renflé que le droit, légèrement aplati; les apophyses mas-
toïdes sont presque entièrement effacées; la dure-mère est épaisse,

soudée en plusieurs endroits avec les os du crâne ; les sinus remplis de sérosité ; l'arachnoïde un peu plus dense que d'ordinaire : elle contient beaucoup de sérosité, et a des adhérences avec la dure-mère. La première est plus dense, pleine de sérosité, adhérente en plusieurs points à la substance cérébrale. L'aspect extérieur du cerveau présente les mêmes irrégularités que l'enveloppe osseuse, c'est-à-dire que le lobe antérieur est plus volumineux que le droit ; les deux hémisphères ne sont pas symétriques ; la scissure médiane, dejetée à droite, laisse voir l'hémisphère gauche plus gros que le droit ; le lobe droit postérieur est raccourci, et ne recouvre qu'imparfaitement le cervelet. Le diamètre longitudinal de l'hémisphère gauche du cervelet donne 3,6, tandis que celui du droit ne donne que 2,5 ; les circonvolutions et les anfractuosités cérébrales sont à peine indiquées ; la substance blanche est plus dense qu'à l'état normal en certains points, plus molle en d'autres ; la substance grise est généralement plus ramollie et plus mince qu'elle ne l'est d'ordinaire. Les solutions de continuité pratiquées au cerveau laissent suinter à leur surface des gouttelettes miliaires, d'un liquide séreux, et en écartant les deux bords d'une solution de continuité, on remarque au sommet de l'angle qui en résulte, des filaments blanchâtres, isolés par la sérosité, et tendus d'un côté à l'autre ; les deux ventricules latéraux ont pris un si grand développement, que la paroi des hémisphères est manifestement amincie ; les corps striés sont si petits, qu'ils paraissent à peine formés ; ils ne présentent aucune saillie ; les couches optiques offrent un développement très-restreint ; il en est de même de la lame cornée ; la voûte à trois piliers et le septum lucidum sont à peine indiqués ; la corne d'Ammon s'étend fort loin en avant ; la cavité digitale est profonde, dilatée par la grande quantité de sérosité que contient le ventricule ; celle du ventricule droit est plus simple que celle du ventricule gauche ; la première n'est séparée que de 0,004 millimètres de la surface du cerveau ; le ventricule moyen est également très-développé, et renferme dans son intérieur beaucoup de sérosité ; son

diamètre transversal est plus grand que d'ordinaire ; l'aqueduc de
Sylvius n'a rien d'anormal. La glande pinéale est volumineuse,
dense, séparée de la toile choroïdienne par de la sérosité ; elle a
une forme plutôt longue qu'oblongue ; sa coloration est blanchâtre ;
pressée entre les doigts, il n'en sort, comme à l'état normal, ni
liquide visqueux ni petits graviers. Le corps calleux est très-mince ;
la scissure de Sylvius est peu profonde ; l'artère qui y est logée offre
un très-petit calibre ; la grande fente cérébrale, qui s'étend d'une
des scissures de Sylvius à l'autre, est régulière ; le tuber cinereum est
très-consistant ; la tige pituitaire qui lui fait suite est composée d'une
substance blanche, et se trouve terminée par l'apophyse, très-grosse,
d'un volume double de l'état normal, creuse dans son intérieur,
pleine d'un liquide visqueux ; les tubercules mamillaires situés entre
les pédoncules cérébraux qui ne présentent rien d'anormal, ne sont
pas égaux, le droit est plus gros que le gauche ; le troisième ventricule contient de la sérosité ; la lame cornée, naissance des nerfs
optiques, est molle ; le cervelet est petit ; les deux substances grise
et blanche sont molles, ses lames et lamelles sont peu éloignées et
peu nombreuses ; l'hémisphère gauche est plus volumineuse que la
droite ; le quatrième ventricule offre une capacité d'un tiers plus
grande qu'à l'état normal et plein de liquide séreux ; l'aqueduc de
Sylvius, qui établit la communication entre ce quatrième ventricule
et le troisième, est plus ample que d'ordinaire ; le tissu cellulaire
sous-arachnoïdien des ventricules est infiltré de sérosité ; l'isthme
de l'encéphale est irrégulier ; la protubérance annulaire est moins
volumineuse ; les pédoncules cérébraux conservent dans toute leur
étendue une forme plane, et paraissent atrophiés ; la valvule de
Vieussens est ferme et résistante ; les tubercules quadrijumeaux sont
irréguliers, plus volumineux qu'à l'état sain ; les antérieurs ne sont
pas séparés de la couche optique ; les fibres médullaires qui passent
de la partie antérieure de ce tubercule, pour concourir à la formation des nerfs optiques, sont à peine indiqués ; les tubercules
postérieurs sont plus gros que les antérieurs ; la gouttière basilaire

qui sert à loger le bulbe rachidien étant à peine indiquée par suite de son horizontalité, il s'ensuit que le bulbe a lui-même une direction horizontale; sa longueur est de 0,026 c., sa largeur de 0,023 c., son épaisseur de 0,008 c.; le sillon médian de la face antérieure est très-petit; les pyramides antérieures forment une bande mince, étroite; les corps olivaires sont inégaux, volumineux, et séparent les pyramides antérieures des postérieures; les corps restiformes sont petits; la dure-mère rachidienne est dense; entre l'arachnoïde rachidienne et la pie-mère, se trouve beaucoup de sérosité; la pie-mère rachidienne est séparée de la moelle par une sérosité abondante; le corps de la moelle est aplati d'avant en arrière; les sillons médian et postérieur sont peu profonds, beaucoup moins qu'à l'état normal, et les renflements qu'on observe dans toute son étendue sont très-prononcés; les rochers sont courts et minces. L'oreille interne est mal conformée; les cellules mastoïdiennes sont à peine indiquées; la caisse du tympan est très-petite, la cavité du vestibule est petite; il en est de même de celle du limaçon; les canaux demi-circulaires, très-petits, n'ont aucune communication avec le vestibule; le nerf acoustique est formé d'une substance gélatiniforme; la première paire de nerfs est constituée par deux rubans très-petits et minces, sans bulbe ethmoïdal, d'une consistance beaucoup plus forte qu'à l'état sain; la deuxième paire prend son origine aux tubercules quadrijumeaux, et du corps genouillé externe, contourne le pédoncule cérébral, et avec son congénère forme un chiasma très-petit, après lequel le ruban aplati qui en est la suite pénètre dans les trous optiques; les troisième, quatrième, cinquième, et sixième paires, sont normales, si ce n'est que le ganglion otique d'Arnold n'existe pas.

La septième paire offre une particularité remarquable: sa portion molle, ou nerf auditif, est constituée par une espèce de cylindre partant du corps restiforme et de la face postérieure du bulbe; on ne voit pas les filets qui forment les barbes du calamus. Dans le trajet crânien, il n'y a qu'une portion dure, le nerf facial n'existe pas;

il en est de même du nerf auditif; ni l'un ni l'autre n'arrivent au conduit auditif interne. Les trois nerfs qui forment la huitième paire sortent par le trou déchiré postérieur, oblitéré en partie, et réduit au tiers de son calibre. Le pneumogastrique, avant de fournir le nerf récurrent, présente une espèce de renflement composé d'une substance très-molle. La neuvième paire, ou le grand hypoglosse, naît des éminences olivaires par trois petits filets séparés, qui, en s'unissant, forment un ruban très-mince qui va gangler le trou condylien.

La portion cervicale du grand sympathique présente trois ganglions, d'un volume faible, desquels partent seulement les rameaux pharyngiens et cardiaques. Rien de remarquable à la portion thoracique ; le plexus solaire présente une tumeur grisâtre et très-molle, située au milieu de son trajet ; les nerfs qui émanent des ganglions solaires sont moins résistants qu'à l'état ordinaire, leur névrilème étant moins épais.

NATURE DU CRÉTINISME.

Deux théories principales ont été proposées touchant la nature du crétinisme, appuyées toutes deux sur l'anatomie pathologique : la première, qui a été soutenue, en 1851, à l'Académie de Médecine, par M. Rochoux, confond le crétinisme et l'idiotie ; les travaux récents ont complétement ruiné cette théorie, qui, dans l'appréciation de l'essence de la maladie, en néglige les éléments les plus caractéristiques, sur lesquels nous avons longuement insisté.

La deuxième théorie est due à M. Ferrus, et a rallié un grand nombre de médecins ; elle confond le crétinisme et l'hydrocéphalie chronique. La désorganisation du cerveau et l'altération des facultés qui en dépend peuvent être, il est vrai, les mêmes dans les deux maladies ; mais y a-t-il dans l'hydrocéphalie chronique une atrophie organique? L'épanchement de sérosité dans le crâne n'est qu'un fait très-secondaire dans le crétinisme ; elle est le fait principal dans l'hydrocéphalie chronique; dans le crétinisme, le crâne n'est certes pas le point de départ de toute la maladie; l'organisme entier est troublé dans son développement, son évolution est imparfaite; il n'en est certes pas de même dans l'hydrocéphalie chronique.

ÉTIOLOGIE.

L'étiologie, étudiée par des médecins, des chimistes, des minéralogistes, a donné les solutions les plus diverses et en apparence contradictoires. Ceux qui l'ont vue diminuer dans les contrées où les montagnes avaient été déboisées et les marais desséchés rapportaient les causes du crétinisme à l'humidité de l'air; d'autres, avec Vyn, aux brusques variations de température qu'occasionnent le coucher du soleil et le passage de l'air froid venant des gorges des montagnes. Les chimistes les ont rapportées aux eaux sulfatées qui déterminent le goître, dénommé en Allemagne *kropfquellen,* dont les jeunes gens de la Maurienne se servent pour échapper à la conscription. Pour M. Grange, l'élément le plus funeste des eaux est non pas les sels de chaux, mais les sels de magnésie. On les a encore rapportées (Chatin) à l'insuffisance de l'iode dans l'eau, que l'on démontre par l'efficacité des sels iodurés dans le traitement, à l'insuffisance de l'oxygène (Boussingault) dans les eaux, utilisées presque en jaillissant des montagnes. On a pensé que les eaux provenant de la fonte des neiges devaient être très-nuisibles; mais on sait que les habitants du Groenland n'en boivent pas d'autres, et que bien des familles habitant au pied des Alpes n'en ressentent aucun mauvais effet. M. Grange a accusé les terrains magnésiens; M. Billiet, archevêque de Chambéry, les terrains ferrugineux, parce que les communes de Saint-Georges et d'Hurtières renfermaient sur 1217 habitants 159 goîtreux ou crétins. En Savoie, les villages infectés sont situés sur les alluvions du Rhône; à Robertzau, sur les bords du Rhin, depuis qu'on a fait disparaître les terres alluvion-

naires, il a notablement diminué (le Dr François). Selon M'Clel-
land, ce sont les terrains argileux et calcaires qui sont les plus favo-
rables à son développement.

Que penser de tant de résultats divers obtenus par de très-ha-
biles observateurs, sinon que les causes sont très-complexes; elles
sont dans la mauvaise hygiène à laquelle sont soumis les malheu-
reux habitants des vallées enfermées au milieu des montagnes, où la
lumière solaire arrive difficilement, dans une atmosphère humide,
mal ventilée, vivant dans la misère et l'inaction. Il décroît partout
où ils travaillent et exercent leurs forces musculaires; il est appelé à
disparaître un jour, lorsque l'homme des vallées, réagissant contre
la nature, aura assaini le milieu humide, obscur, mal aéré, dans
lequel il végète, se sera créé des relations qui lui fourniront des
ressources pour son bien-être, et se sera habitué à croiser sa race
dégénérée avec les races encore saines des contrées voisines. Le
crétinisme est héréditaire, et va ordinairement en croissant chez les
descendants; Fodéré a même formulé des lois de transmissibilité,
qui ne peuvent rien avoir d'absolument vrai.

« 1° Si un mâle goîtreux, fils de goîtreux, à demi crétin, épouse
une femme demi-crétine, leur enfant est tout à fait crétin.

« 2° Si un mâle, crétin au deuxième degré, épouse une femme
bien constituée de corps et d'esprit, de cette union naîtra un enfant fort peu crétin; et si celui-ci s'allie comme son père, l'enfant
qu'il aura sera encore moins crétin, c'est-à-dire, en croisant toujours les races, le crétinisme pourra s'éteindre dans la famille; mais,
si les races ne continuent pas à se croiser, et que le fils épouse une
femme aussi crétine que lui, l'enfant ressemble au grand-père, et
non au père. »

Conclusions.

1e L'idiotie congénitale est le défaut de développement plus ou
moins complet, mais essentiellement congénital, de toutes les facul-

tés dépendantes du cerveau, de l'intelligence, de la motilité, de la sensibilité.

2° Le crâne, l'encéphale, ne peuvent servir, dans l'état actuel de la science, à apprécier la puissance intellectuelle d'un individu.

3° Les dimensions du crâne et le poids de l'encéphale de l'idiot sont très-peu différents des dimensions du crâne et du poids de l'encéphale d'un homme d'une intelligence moyenne.

4° Le langage de l'idiot est toujours imparfait, et son imperfection croît en raison directe de sa faiblesse intellectuelle. L'idiot n'a aucune liberté morale; il n'a pas la responsabilité de ses actes. L'idiotie présente tous les degrés de la dégradation intellectuelle, et, dans les derniers degrés, l'instinct même disparaît.

5° L'idiotie est essentiellement héréditaire, et se rencontre souvent dans les familles où il y a eu des aliénés, des paralytiques, des épileptiques.

6° Une application de forceps mal faite, un accouchement prématuré au septième mois, une progéniture trop nombreuse, sont des causes certaines d'idiotie.

1° Le crétinisme est une maladie diathésique qui se développe dans certaines vallées enfermées dans des montagnes.

2° Il est engendré par la mauvaise hygiène dans laquelle vivent les habitants de ces vallées, et est entretenu par le défaut de croisement de la race.

3° Les crétins présentent un type uniforme, que nous avons décrit plus haut.

4° Ils ont un tempérament spécial, que nous appelons *tempérament crétineux*, qui ne peut être comparé à aucun autre, et que contracte tout individu qui habite depuis un certain temps dans ces vallées.

5° Ils constituent une race dégénérée, composée d'individus de constitution chétive, parmi lesquels un certain nombre, arrêtés dans l'évolution organique, ne deviennent jamais pubères; d'autres deviennent pubères, sans arriver au développement qui caractérise la maturité corporelle.

6° Le crétinisme se manifeste d'abord par un affaiblissement général qui jette l'individu dans un état cachectique spécial, et, chez ses descendants, par un défaut de développement organique qui atteint des proportions variées.

7° Le goître n'est qu'un épiphénomène du crétinisme, et ne se rencontre que chez un tiers des crétins.

Crétinisme endémique.

OBSERVATION Ire.

M. G....., âgée de 21 ans; taille, 1 mètre.

Crâne volumineux ; front bombé ; double strabisme ; nez épaté ; lèvres grosses ; face bouffie ; dents irrégulièrement implantées ; pas de goître ; seins à l'état rudimentaire ; abdomen gros et tendu ; absence de poils sur le corps ; n'a jamais été menstruée ; membres grêles, proportionnés à la taille ; extrémités froides ; peau violacée. Elle ne donne aucun signe d'intelligence ; ne connaît pas sa mère ; incapable de marcher. Elle ne manifeste aucune sensibilité quand on la pique avec une aiguille. Les parents ont une intelligence moyenne, et habitent la vallée depuis longues années.

OBSERVATION II.

P. G....., frère de la précédente, âgé de 27 ans ; taille, 1^m,15.

Crâne volumineux ; front saillant, bombé ; cheveux châtains ; paupières épaisses ; yeux écartés ; nez épaté ; face bouffie, d'une teinte jaunâtre ; lèvres grosses ; dents régulièrement implantées ; point de barbe ni aucune trace de poils sur le reste du corps ; cou court, goîtreux ; les testicules sont descendus dans le scrotum ; les membres sont grêles et proportionnés à la taille. Incapable de se

lever d'une chaise sur laquelle il est tenu tout le jour ; n'articule pas
une syllabe, ne pousse que des cris, ne reconnaît personne, ne manifeste aucune sensibilité quand on le pique avec une aiguille.

OBSERVATION III.

R. G....., âgée de 30 ans ; taille, 1^m,15.

Crâne volumineux ; cheveux blonds ; front bombé ; yeux écartés ;
paupières épaisses ; nez épaté ; joues bouffies ; teinte jaunâtre de la
face ; lèvres grosses ; dents régulières ; point de goître ; thorax
aplati ; abdomen saillant et volumineux ; seins très-peu développés ;
pas de traces de poils sur le corps ; réglée depuis l'âge de 20 ans
seulement ; membres grêles et infiltrés. Extrêmement timide, fuit
toute société ; joue toujours avec une poupée. Caractère uniforme ;
elle ne s'emporte que si on cherche à la tirer de son immobilité.
Elle ne connaît que quelques mots, et n'est capable que de demander sa nourriture. Ses parents étaient d'une intelligence moyenne ;
ils sont nés dans la vallée.

OBSERVATION IV.

J. S....., âgé de 21 ans ; taille, 1^m,45.

Crâne volumineux ; cheveux blonds ; front bombé ; yeux écartés ;
paupières grosses, œdématiées ; face bouffie, jaune ; nez épaté ; lèvres épaisses ; quelques poils à la barbe ; a perdu presque toutes ses
dents ; cou goîtreux ; abdomen ballonné ; quelques poils au pubis ;
testicules descendus dans le scrotum, d'un développement moyen.
N'a jamais manifesté aucun désir vénérien, aucun sentiment de pudeur ; membres courts et infiltrés ; coxalgie droite ; démarche très-
pénible. N'est capable que de prononcer quelques mots, et d'une
façon presque inintelligible ; ne sait ni son nom ni son âge. Le père,
âgé de 52 ans, aveugle ; les parents sont d'une intelligence moyenne
et nés dans le village.

OBSERVATION V.

B. F....., âgé de 15 ans; taille, 1^m,15.

Crâne volumineux, cheveux châtains, paupières épaisses, nez épaté; face jaunâtre, bouffie; lèvres grosses, dents irrégulièrement implantées et tombées pour la plupart, aucun poil à la barbe ni sur le reste du corps, testicules descendus dans le scrotum; n'a jamais manifesté de désir vénérien, ne sait prononcer que quelques mots, ne sait ni son nom ni son âge. Père d'une intelligence moyenne, mère aliénée; le père et la mère ont toujours habité le même village dans les Alpes; ils ont 4 enfants, tous rabougris, indolents, sans aucune vivacité; l'aîné, âgé de 20 ans et le plus robuste de la famille, est incapable de travailler au delà de quatre à cinq heures par jour.

OBSERVATION VI.

B....., âgé de 68 ans; taille, 1^m,23.

Crâne volumineux; cheveux d'un teint foncé, qui ont à peine blanchi; yeux petits écartés; paupières épaisses; nez épaté; face bouffie, jaunâtre; n'a presque point de barbe, absence complète de poils sur le thorax, il y en a très-peu au pubis; testicules descendus dans le scrotum; a été marié, mais n'a pas procréé. Langage incompréhensible, caractère doux.

OBSERVATION VII.

P...., âgé de 40 ans; taille, 1^m,80.

Les parents ont une intelligence moyenne. Crâne volumineux, cheveux d'un châtain clair; yeux écartés, recouverts par des paupières œdématiées; nez épaté, face bouffie, la barbe est très-peu épaisse; cou gros, goîtreux; thorax aplati, abdomen saillant, testicules descendus dans le scrotum, d'un volume moyen; poils sur le pubis ; a manifesté quelque penchant vénérien, n'articule que quelques mots. Employé à porter des charges.

Crétinisme sporadique.

OBSERVATION VIII.

B....., âgée de 28 ans, née à Paris; taille, 1 mètre.

Crâne volumineux, front bombé, yeux écartés, paupières épaisses, nez épaté; face bouffie, ridée ; lèvres grosses ; membres supérieurs et inférieurs d'une longueur proportionnée au corps, grêles ; chairs flasques ; elle marche péniblement ; absence de poils sur tout le corps ; n'a jamais été menstruée ; seins très-petits, expression enfantine de la physionomie ; joue toujours avec une poupée, connaît son nom ; sait demander ses jouets, sa nourriture ; sait les premiers chiffres, n'a pu apprendre à lire. La mère a eu 4 enfants ; les 3 autres sont parfaitement développés et sont intelligents. Dans la famille, il n'y a eu ni idiot, ni aliéné, ni épileptique.

OBSERVATION IX.

R....., âgée de 47 ans; taille, 1^m,15.

Crâne volumineux, cheveux d'un blond clair, front bombé, yeux écartés, strabisme double, nez épaté; face bouffie, jaune; lèvres grosses, seins d'un petit volume, pas de trace de poil sur tout le corps ; menstruée à 17 ans, ménopause à 30 ans ; n'a jamais eu de désir vénérien et n'a jamais manifesté aucun sentiment de pudeur ; démarche pénible, muscles des membres grêles. Elle connaît son nom, son âge ; a appris à lire quelques lettres de l'alphabet, à écrire une partie de son nom. Elle s'amuse toujours à habiller une poupée.

OBSERVATION X.

C....., âgée de 10 ans; taille, 92 centimètres.

Crâne volumineux; cheveux châtains, front saillant, paupières œdématiées, nez épaté; face bouffie, jaunâtre; lèvres volumineuses, muscles des membres grêles; démarche incertaine, comme celle d'un enfant de 2 ans; n'articule que quelques syllabes.

Idiotie.

OBSERVATION Ire.

M....., âgée de 29 ans; taille, 1m,38. Vigoureusement constituée, bonne santé habituelle; menstruée régulièrement, n'a pas manifesté de désirs vénériens; microcéphale; ne sait pas son âge, ne sait prononcer que deux ou trois mots; incapable de se livrer à aucun travail manuel.

Mesures du crâne.

Diamètre antéro-postérieur,	0,140
Diamètre temporal,	0,130
Circonférence totale du crâne,	0,480
Circonférence occipito-frontale (de la racine du nez à la ligne courbe occipitale),	0,300
Courbe transversale (distance maxima des deux pariétaux),	0,270

OBSERVATION II.

D....., âgée de 26 ans; taille, 1m,52. Connaît quelques mots dont elle se sert toujours, n'a jamais pu rien appendre, ne connaît pas son âge; caractère violent, physionomie bestiale, elle mord volontiers; constitution vigoureuse. Est employée à la Salpêtrière à de lourds travaux; régulièrement menstruée.

OBSERVATION III.

C....., âgée de 31 ans; taille, 1^m,49. Ne connaît pas son âge, ne sait ni lire ni écrire; parle continuellement, mais difficile à comprendre; ne répond jamais aux questions qu'on lui adresse; violente, voleuse; vigoureuse constitution, régulièrement menstruée. Point de désirs vénériens.

Dimensions crâniennes.

Circonférence totale,	0,520
Courbe occipito-frontale,	0,290
Courbe transversale,	0,270
Diamètre antéro-postérieur,	0,170
Diamètre temporal,	0,130

OBSERVATION IV.

J....., 6 ans; née de père et mère intelligents. La mère a eu vingt-quatre enfants; un frère et une sœur sourds-muets, mais intelligents. J..... est sourde-muette, ne donne aucun signe d'intelligence; violente et emportée, principalement a l'époque des menstrues; mentruée régulièrement; aucun désir vénérien.

OBSERVATION V.

A....., 41 ans; taille, 1^m,56. Ne sait pas son âge, ne sait ni lire, ni écrire, ni compter. Employée à de gros travaux à la Salpêtrière; menstruée depuis l'âge de 14 ans.

Dimensions crâniennes.

Circonférence totale,	0,550
Courbe occipito-frontale,	0,320
Courbe transversale,	0,270
Diamètre antéro-postérieur,	0,170
Daimètre temporal,	0,150

OBSERVATION VI.

B....., 22 ans; taille, 1^m,48. Sait lire, écrire; connaît les premiers chiffres; a appris l'état de blanchisseuse; langage confus; ne peut prononcer certaines lettres; menstruée depuis l'âge de 14 ans.

OBSERVATION VII.

D....., 30 ans; taille, 1^m,54. Ne sait ni lire, ni écrire, ni compter; parle avec une extrême volubilité, incapable de prononcer certains mots; domestique à la Salpêtrière; menstruée depuis l'âge de 13 ans; seins développés; aucun désir vénérien.

OBSERVATION VIII.

D....., 15 ans; taille, 1^m,56. Violente, entêtée; ne sait ni lire ni écrire, parle péniblement, répond très-lentement aux questions; strabisme double.

OBSERVATION IX.

P....., 71 ans; connaît son âge; sait compter jusqu'à 100, mais ne sait ni lire ni écrire; n'a pu apprendre un métier; parle péniblement, et ses mots sont coupés; caractère doux. Travaille à la buanderie de la Salpêtrière; vigoureuse constitution; réglée à 11 ans; à

16 ans, les règles ont disparu; n'a jamais manifesté de désirs véné-riens.

OBSERVATION X.

C....., 27 ans; taille, 1^m,49. Ne sait ni lire ni écrire; connaît à peine les premiers chiffres; langage obscur, répond mal aux ques-tions; n'a jamais pu apprendre l'état de jardinière, auquel on l'avait longtemps appliquée; elle travaille à la couture. Crâne aplati sur les côtés; front large et fuyant; face hébétée; menstruée depuis l'âge de 15 ans; seins volumineux; penchants vénériens très-prononcés.

OBSERVATION XI.

L....., 38 ans; sait lire; connaît son âge; parle avec une très-grande volubilité, mais sans se rendre compte des mots qu'elle pro-nonce. Couturière, n'a jamais pu vivre du produit de son travail; sa physionomie n'est pas sans expression; menstruée depuis l'âge de 18 ans. Taille, 1^m,45.

Dimensions crâniennes.

Circonférence totale,	0,51
Courbe transverse,	0,28
Diamètre antéro-postérieur,	0,18
Diamètre temporal,	0,14

OBSERVATION XII.

H....., 30 ans; n'a pu apprendre à lire ni à écrire; elle ne pro-nonce que la moitié des syllabes; connaît l'état de couturière.

Dimensions crâniennes.

Circonférence totale,	0,52
Courbe antéro-postérieure,	0,35
Courbe latérale,	0,30
Diamètre antéro-postérieur,	0,17
Diamètre temporal,	0,14

OBSERVATION XIII.

L....., 38 ans; taille, 1^m,32, Menstruée de 17 à 35 ans; ne sait ni son nom ni son âge; n'a pu apprendre à lire, à écrire, à coudre; elle répond confusément et avec un flux de paroles presque incompréhensibles aux questions qu'on lui adresse; vaniteuse, emportée, injurieuse.

Dimensions crâniennes.

Circonférence totale,	0,52
Courbe antéro-postérieure,	0,33
Courbe transverse,	0,36
Diamètre antéro-supérieur,	0,16
Diamètre transversal,	0,14

OBSERVATION XIV.

V...., 22 ans; sait lire, écrire, coudre; n'a jamais pu subvenir à son existence; absence de volonté; parole facile; injurieuse, voleuse; constitution vigoureuse; le seul signe de la faiblesse intellectuelle est l'absence totale de volonté.

Dimensions crâniennes.

Circonférence totale,	0,53
Courbe antéro-postérieure,	0,31
Courbe transverse,	0,28
Diamètre antéro-postérieur,	0,17
Diamètre transverse,	0,14

OBSERVATION XV.

B....., 36 ans; ne sait pas son âge, ne sait ni lire ni écrire, n'a pu apprendre un métier; langage embarrassé; violente, orgueilleuse, voleuse; elle dit naïvement qu'elle volait avant qu'on le lui eût défendu, mais qu'elle s'est corrigée; vigoureuse constitution; employée à la Salpêtrière à porter des charges. Taille, 1^m,49.

Dimensions crâniennes.

Circonférence totale,	0,49
Courbe antéro-postérieure,	0,31
Courbe transverse,	0,26
Diamètre antéro-postérieur,	0,14
Diamètre transverse,	0,13

OBSERVATION XVI.

Ch....., 26 ans; douce, obéissante; parle assez facilement, mais ne sait pas son âge; elle a appris à lire, à écrire, à coudre; incapable de compter, mémoire faible; la physionomie ne manque pas d'une certaine expression; menstruée depuis l'âge de 12 ans. Taille, 1^m,38.

Dimensions crâniennes.

Circonférence totale,	0,53
Courbe antéro-postérieure,	0,32
Courbe transverse,	0,28
Diamètre entéro-postérieur,	0,19
Diamètre transverse,	0,13

OBSERVATION XVII.

D....., 23 ans ; caractère doux ; sait lire, ne sait pas écrire, ne sait pas son âge, n'est capable que d'un travail grossier ; parole lente, physionomie expressive ; menstruée irrégulièrement. Taille, 1^m,45.

Dimensions crâniennes.

Circonférence entière,	0,52
Courbe antéro-postérieure,	0,32
Courbe transverse,	0,26
Diamètre antéro-postérieur,	0,17
Diamètre latéral,	0,14

OBSERVATION XVIII.

D...., 37 ans ; sait lire, ne sait pas écrire ; se livre à quelques travaux de couture ; loquacité extrême ; elle répond, quand on l'interroge sur son âge, qu'elle est née à 2 ans ; menstruée depuis l'âge de 16 ans. Taille, 1^m,50.

Dimensions crâniennes.

Circonférence entière,	0,52
Courbe antéro-postérieure,	0,35
Courbe latérale,	0,27
Diamètre antéro-postérieur,	0,16
Diamètre transverse,	0,14

OBSERVATION XIX.

D...., 59 ans; parole facile, mais voilée; ne sait ni lire ni écrire, ne connaît pas son âge; se livre à quelques travaux manuels; menstruée de 13 à 41 ans. Taille, 1^m,32.

Dimensions crâniennes.

Circonférence entière,	0,52
Courbe antéro-postérieure,	0,34
Courbe transverse,	0,29
Diamètre antéro-postérieur,	0,17
Diamètre transverse,	0,29

OBSERVATION XX.

H....., 49 ans; a un frère aveugle et idiot; la mère est aveugle; n'a jamais pu apprendre ni à lire ni à écrire; parole confuse; elle travaille, et entretient sa mère du produit de son travail; menstruée de 12 à 44 ans. Taille, 1^m,42.

Dimensions crâniennes.

Circonférence entière,	0,54
Courbe antéro-postérieure,	0,32
Courbe transverse,	0,26
Diamètre antéro-postérieur,	0,17
Diamètre transverse,	0,15

OBSERVATION XXI.

G....., âgée de 32 ans; ne sait ni lire, ni écrire, ni coudre; ne sait prononcer que quelques mots inintelligibles; une sœur est morte idiote à la Salpêtrière; menstruée depuis l'âge de 14 ans; a manifesté quelque désir de mariage.

www.ingramcontent.com/pod-product-compliance
Lightning Source LLC
Chambersburg PA
CBHW060747280326
41934CB00010B/2393